Cristina Ariza Chozas

APULEYO EDICIONES   FOMENTO DE VALORES   CUENTOS ILUSTRADOS

APULEYO EDICIONES   FOMENTO DE VALORES   CUENTOS ILUSTRADOS

Periquito era un pequeño pájaro
que tenía mucha energía
jugaba, reía y bailaba durante todo el día.

Periquito era muy inquieto,
pues no paraba ni un momento.

Pero un día, Periquito empezó a estar cansado
y, de repente,
otro día se puso colorado.

Él intentaba jugar y bailar,
pero algo no le dejaba volar...

Sus papás muy preocupados,
a su doctora le llevaron.

¿Qué te pasa, Periquito?
¿Por qué hoy estás tan quietecito?

La doctora no sabía,
qué era lo que le ocurría.

Le llevaron al hospital,
y entre todos le querían curar.

Enfermedad rara, le diagnosticaron,
porque muy pocos pajaritos
tienen lo que le encontraron.

Periquito es especial,
ahora se cree Superman.
Es un valiente que pasa horas en un hospital.

Pero... Periquito es un pájaro normal,
juega como los demás,
y va al colegio a disfrutar.

PERIQUITO HA VUELTO A VOLAR

Ahora.

Sus plumas tiene que cuidar
durante el día utilizar protector solar,
y a veces le tienen que pinchar.

Esto tan solo es el principio de lo que tendrá un buen final.

¿Llevas a Periquito al parque?

Recuerda que cuando hace mucho sol, debemos protegernos.
¿Qué utilizarías?

Periquito hoy no ha venido al cole, ¿dónde estará?

+ HOSPITAL

Mañana volverá, no te olvides de
contarle lo que habéis hecho hoy.

DERMATOMIOSITIS JUVENIL

Es una miopatía inflamatoria que afecta fundamentalmente a la piel y al tejido muscular.
Tiene una incidencia de 3-4 casos por cada millón de niños.
Afecta predominantemente a piel y músculo estriado, aunque potencialmente puede afectar a otros órganos.
Es una patología crónica. Se necesita atención multidisciplinar: reumatólogos, dermatólogos, oftalmólogos, cardiólogos, gastroenterólogos, rehabilitadores, psicólogos, etc.
Como suele suceder con enfermedades de baja incidencia, la experiencia terapéutica es limitada, así como la existencia de estudios clínicos controlados.

Con la compra de este cuento estás apoyando a la investigación de la enfermedad para evitar daños irreversibles en niños.

Información obtenida de la Fundación Española de Reumatología y la Asociación Española de Pediatría.

Fuentes:
Fundación Española de Reumatología:
(https://inforeuma.com/enfermedades-reumaticas/dermatomiositis/)

Asociación Española de Pediatría:
(https://www.aeped.es/sites/default/files/documentos/13_dermatomiositis.pdf)

Agradecimientos

A mis padres, por ofrecerme una educación llena de valores.
A mis hijos, por enseñarme tanto sobre la vida.
A mi marido y mi hermana, por apoyarme en los buenos y malos momentos.

Los beneficios que se recauden con la venta de "Periquito volverá a volar" se donarán a la Asociación de Dermatomiositis Juvenil para proyectos de investigación.

Gracias, Eva, por alertarnos cuando algo no era normal.
Gracias a la Escuela Infantil Gloria Fuertes.
Gracias al Hospital General Universitario de Toledo, por el trato y rápido diagnóstico.
Gracias, Pilar, Ana y Charo, por acompañarnos y guiarnos.
Gracias, Begoña e Isabel Pastora, por enseñarnos las luces y las sombras de esta enfermedad.
Gracias, Estíbaliz por tu compromiso con esta enfermedad.
Gracias a la Asociación Nacional de Dermatomiositis Juvenil por todo el apoyo y la lucha.

© Cristina Ariza Chozas (de la obra)
©Apuleyo Ediciones (de esta edición)
Primera edición en Apuleyo Ediciones: marzo 2025
Diseño de cubierta: F.J.Garrido Barroso
Corrección: Aida Ramos
Maquetación: F.J.Garrido Barroso
Ilustraciones: Andrea Revilla
Coordinación editorial: Isidoro Cidre González
info@apuleyoediciones.com
www.apuleyoediciones.com
ISBN: 978-84-1060-470-4
Depósito legal: H 662-2024

Hecho e impreso en España.

APULEYO EDICIONES   FOMENTO DE VALORES   CUENTOS ILUSTRADOS

Cristina Ariza Chozas

APULEYO EDICIONES   FOMENTO DE VALORES   CUENTOS ILUSTRADOS